AF562098

POLITIQUE

DES GENS DE BIEN.

Lb42 2222

IMPRIMERIE DE FAIN, PLACE DE L'ODÉON.

POLITIQUE

DES

GENS DE BIEN;

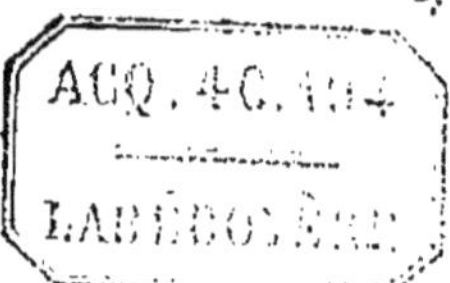

PAR M. LE MARQUIS DE LA VALLETTE.

PARIS,

DELAUNAY, LIBRAIRE, PALAIS-ROYAL, GALERIES DE BOIS.

1817.

POLITIQUE

DES GENS DE BIEN.

CHAQUE nation se glorifie de l'origine de son existence politique, et cet enthousiasme national prouve l'attachement des peuples aux institutions qui consacrent leur gloire, leur bonheur et leur liberté civile, comme effets de la sagesse et de la justice de leurs lois fondamentales.

Des principes libéraux ont donc servi de base aux diverses associations humaines ; et, comme elles reposaient d'abord sur l'honneur et la probité des coopérateurs à la formation des pactes sociaux, ces vertus furent le *Palladium* révéré des pouvoirs et des droits constitutionnels, jusqu'à l'émancipation de la tyrannie et de la licence.

Dans l'ordre naturel des associations régulières, les Gouvernemens ont tous eu des commencemens rassurans touchant le maintien des prérogatives sociales; et ce n'est qu'en déviant de la droiture des intentions auxquelles on rapportait les institutions premières qu'ils ont accumulé sur eux des revers remarquables.

En effet, plusieurs peuples furent fidèles, obéissans et affectionnés à leurs souverains respectifs, pendant tout le temps que leurs constitutions demeurèrent intactes; mais des troubles plus ou moins inquiétans accompagnèrent presque toujours les infractions qu'on y fit et qu'on tenta d'y faire, sans même examiner si les changemens qu'on introduisait seraient nuisibles ou profitables.

L'oppression des Suisses, dans le quatorzième siècle, excita parmi eux cet amour brûlant pour la liberté, auquel ils sont redevables de l'établissement glorieux de leur république célèbre et respectée.

Un sentiment semblable pour l'indépendance produisit aussi, mais plus tard, une foule de héros bataves dans tous les genres d'illustrations et de mérites; car tous les premiers agens du pouvoir de la puissance hollandaise furent des guerriers distingués, des politiques consommés, et des citoyens fameux par la pureté et l'étendue de leur dévouement à la chose publique. Tous portaient les principes des vertus morales et philanthropiques profondément gravés dans le cœur : aussi l'état de splendeur auquel parvinrent incontinent sa domination et son commerce, a-t-il toujours été considéré comme une suite naturelle de la valeur, de l'énergie, de la constance, de l'économie et d'une probité exemplaire.

Cependant cette nation, d'adord si admirable, se relâcha insensiblement de sa vertu première; et ce relâchement semble être résulté des vices qui accompagnèrent et suivirent l'établissement des compagnies des Indes orientales et occidentales; car il introduisait une sorte de domination étrangère dans l'État, avec un préjudice d'autant plus fatal pour l'esprit public, qu'un déplorable penchant vers la dilapidation des fortunes engendra, parmi ces républicains vertueux, l'oppression, la cruauté et toutes les horreurs inséparables d'une cupidité sordide et effrénée : d'ailleurs, l'histoire désastreuse de ces compagnies déchues convient parfaitement à toutes celles qui ont existé, qui existent, et qui existeront aux Indes; et nous pensons même que la possession de toute colonie, dans les autres grandes parties du globe, doit aussi devenir funeste, avec le temps, à son propriétaire, et surtout aux puissances agricoles.

On observe encore que ces compagnies ambitieuses réglèrent leur conduite vexatoire sur l'exemple de certaines puissances avides des territoires indiens, territoires que leurs possesseurs n'avaient pu défendre contre des attaques brusques, barbares et iniques; car on contestait à ceux de l'Amérique la possession même de leurs demeures, comme si, dans la manière d'exister de ces peuples chasseurs, le droit d'un libre parcours du pays, en chassant, n'eût point équivalu à la légitimité de celui qu'on acquiert en Europe, à l'égard de la propriété, par la culture des terres.

Mais quelle que soit la cause originaire et véritable de la décadence de la république de Hollande, il est sûr que l'amour de l'intérêt commun y souffrit une éclipse désastreuse; car elle fut accompagnée d'injustices et de cruautés révoltantes, toujours en vue d'une réparation prompte de fortunes, au moins abîmées dans la débauche; de la formation et de la chute, presque à la fois, de maisons excessivement opulentes; et d'une démoralisation telle, que ce fléau contagieux se communiqua des Indes à la métropole, où il influença l'exaltation fanatique du système subversif d'un gouvernement protecteur et respectable.

Alors les droits les plus sacrés, les institutions les plus respectées et les liens les plus étroits d'une civilisation heureuse furent violés et détruits par le fait de ces mêmes Hollandais dégénérés; et cette situation déplorable de la patrie fut encore aggravée par la scélératesse de ceux de ses enfans qui, non satisfaits d'avoir indignement singé les détestables excès des révolutionnaires français, provoquèrent et favorisèrent encore puissamment la funeste venue de ceux-ci dans leur pays.

Ici, les hommes, les lois, les choses, le Gouvernement

même, tout prend une face nouvelle, avec une mobilité et une rapidité si indescriptibles, que l'œil même de la pensée n'en pouvait suivre le mouvement. L'Europe entière est menacée, la désolation est générale, les nations s'arment, le sang coule par torrens ; et lorsque le triomphe du crime paraît le plus infaillible, le courroux du ciel s'apaise, l'aigle orgueilleuse est foudroyée, et le pouvoir dominateur se fixe, au Pays-Bas, sur un prince éprouvé au creuset de l'adversité.

La promesse d'une pacification générale vint consoler le monde de souffrances inexprimables ; car on prétendait l'asseoir sur la base d'une balance politique juste, et par conséquent durable ; elle fut ainsi annoncée solennellement à tous les peuples ; et comme le traité conclu à Paris, le 30 du mois de juin 1814, donnait l'assurance indubitable que les Cours alliées n'avaient eu d'autre objet d'union entre elles, que la défense propre de leurs États respectifs, et le rétablissement ensuite des autres souverains de l'Europe sur le pied du *statu quo* des choses en général avant la naissance des troubles, l'attente publique se trouva si agréablement comblée par la conviction de l'existence réelle de ces motifs équitables et glorieux, que la reconnaissance des nations, pour ce bienfait, ne pouvait être surpassée que par une admiration fondée sur l'héroïsme éclatant dont elle était la conséquence.

Telles étaient les espérances et la disposition des esprits au moment de l'ouverture des conférences de Vienne ; et la persuasion d'un désintéressement loyal et généreux, de la part des Princes coalisés, était d'autant plus entière, à l'égard au moins de l'inviolabilité des propriétés héréditaires, que des proclamations pompeuses en donnaient la certitude.

L'expérience des temps nous prouve que nulle institution des hommes n'acquiert un droit solide à la permanence ni à la vénération des peuples, si elle n'est fondée sur le titre sacré d'une justice évidente ; et la raison nous dit qu'il en est de même de leurs actions morales.

Or, Buonaparte a certainement ravi tout ce qu'il possédait, par la ruse ou par la force ; donc l'iniquité caractérisa toujours le droit de sa haute fortune ; aussi méconnut-il sans cesse celui d'autrui. Mais puisqu'il a eu des consorts dans la répartition de ses rapines, on doit croire que les fauteurs de tels partages y ont été portés par la crainte de ses violences ; vu qu'on ne peut les supposer partisans volontaires de l'anéantissement du traité de Westphalie, sans les dégrader à l'égalité de la perversité notoire de ce brigand incomparable ; car chacun sait que tout participant à un vol avéré, devient coupable du crime auquel ce fait infâme l'associe.

On sait aussi que le traité de Westphalie, conclu en 1648, fut le résultat de dix années de discussions et de délibérations réfléchies ; qu'il établissait un droit public, avoué et reconnu par tous les souverains de l'Europe en général et de l'Allemagne en particulier ; et que ce droit garantissait également les pouvoirs et les priviléges des Princes et des Peuples respectivement.

Cependant le traité de Vienne, en date du 9 juin 1815, crée et supprime divers États séculiers, agrandit, diminue et en médiatise d'autres, toujours en mépris des obligations consenties solennellement par les Cours alliées, puisque chacune des puissances lésées devait être rétablie par elles dans la plénitude des droits dont elle jouissait avant les troubles ; donc ce traité renferme dans un sens différent, mais dans un même esprit, tous les principes arbitraires et usurpateurs que la justice et la raison reprochent à Buonaparte.

Le même traité de Vienne introduit, par le fait, une constitution nouvelle en Allemagne ; comme si les malheurs qui ont affligé le monde ne prouvaient pas d'une manière assez effrayante l'imprudence de ceux qui s'imaginent de pouvoir régénérer les constitutions anciennes, en les renversant totalement pour en établir d'autres à leur manière ; d'autant que celles-ci sont nécessairement dépourvues du mérite de l'épreuve du temps, et que l'arbitraire qui en résulte, détruit irréparablement l'inviolabilité des propriétés quelconques, indépendamment de la confusion et de la désolation qu'elles portent là où devraient se trouver les contraires.

D'ailleurs, chaque nation a un caractère qui lui est propre; et ce caractère, souvent différent, est l'ordinaire effet de sa constitution même. On ne peut donc toucher qu'avec bien du ménagement à une constitution chérie des peuples auxquels elle se rapporte ; et si des abus, introduits par le temps ou autrement dans la civilisation des hommes, exigent quelques changemens dans l'une ou l'autre loi fondamentale ou charte constitutionnelle, on ne doit y procéder qu'à l'aide d'une circonspection éclairée par la sagesse de cette maxime remarquable : *Le plus grand des abus est celui que l'on commet en voulant corriger les abus, au moyen d'un renversement entier de l'ordre qu'on attaque.*

Il en est de même des lois nouvelles, relativement à la correction des abus nuisibles, lorsqu'il en existe : car elles ouvrent inévitablement la carrière à la chicane, et aux mêmes inconvéniens qui, dans tous les temps, ont donné l'être aux abus qu'on voudrait faire disparaître ; de façon qu'il serait conseillable de s'en tenir, en cas pareil, à l'émanation d'une simple ordonnance, à l'effet d'une observation ponctuelle des lois anciennes ; d'autant que les innovations imprudentes substituent souvent un mécontentement déplorable à un ordre de choses corrigible au moyen seulement d'une éducation morale et bien soignée.

De grands vices politiques existent, et l'on ne peut plus guère imputer ces maux publics qu'à l'instabilité des principes libéraux de la plupart des négociateurs du traité de Vienne, qui, au lieu de prendre celui de Paris (du 30 juin 1814) pour base convenue de leurs opérations importantes.

et décisives, ont provoqué au contraire l'avilissement du caractère auguste de leurs maîtres, en les induisant à rétracter honteusement les dires de leurs manifestes : car on est généralement convaincu que les puissances alliées n'ont réellement combattu que pour leur propre défense, et que les droits d'agrandissement dont elles paraissent se prévaloir maintenant, ne sont que des titres distinctifs de l'usurpation et du pillage.

On convient néanmoins qu'elles auraient fait des sacrifices étrangers à leurs intérêts propres, dans le cas du rétablissement du *statu quo* des choses à l'époque du 1er. mai 1789; mais leurs sacrifices n'ont point été dirigés vers le but qui en a été le prétexte; et le résultat des conférences de Vienne semble être la conséquence, au contraire, d'un machiavélisme introduit dans le traité de Paris, en vue d'éblouir les nations fatiguées de la guerre. D'ailleurs, la reparition de Buonaparte sur le territoire français ne couvrirait-elle pas une préméditation de moyens propres à pallier la violation des droits individuels de différens souverains de l'Europe chrétienne, ainsi que l'humiliation de la France? car cette reparition ne peut raisonnablement s'imputer qu'aux auteurs de son exil, sur parole, à l'île d'Elbe; vu qu'ils n'ont pas pu douter, sans manquer de mémoire, du parjure qui accompagnerait cet acte d'une politique inqualifiable.

On convient aussi que la puissance temporelle du clergé pourrait se borner à celle du Pape, d'autant que, le royaume du *Christ* n'étant point de ce monde, ses ministres n'y doivent exercer d'autre autorité que celle inhérente à la vénération qu'ils inspirent par une pratique exemplaire de la morale pure qu'ils annoncent; aussi ne doit-on considérer les prérogatives temporelles du Pontife, que comme une marque du respect qu'on accorde au chef de la plus ancienne branche de la religion chrétienne.

Si donc la suppression des dominations temporelles du

clergé, sur le pied mentionné, est maintenant jugée avantageuse pour un perfectionnement de la civilisation en général, rien n'empêche de la consommer définitivement, sous la condition néanmoins d'une répartition équitable de la totalité d'icelles entre les souverains héréditaires, d'après la population de leurs États respectifs; et cela en faveur d'arrondissemens convenables, et de la disparition des enclavemens quelconques : car on regarde ces irrégularités dans l'ordre des propriétés territoriales, comme des sources intarissables d'inconvéniens politiques et de difficultés fâcheuses, étant toujours bien entendu que la partie foncière des mêmes suppressions aurait pour destination certaine, savoir : la dotation d'une milice chevaleresque appliquée à garantir le commerce des chrétiens contre la piraterie des nations barbaresques; l'érection d'établissemens propres à opérer efficacement, tant la consolation et le soulagement de l'humanité souffrante, que la destruction de la mendicité par l'anéantissement de la paresse; et l'entretien de chacun des cultes chrétiens indistinctement, d'une manière uniforme et convenable, en observant que la faculté qu'on accorderait au clergé en général d'acquérir des biens-fonds à titre de bénéfices, les attacherait héréditairement à l'existence immuable et glorieuse du Gouvernement, et que le fanatisme (1) ne saurait empoisonner ses traits détestés à la coupe fraternelle d'une tolérance éclairée, absolue et charitable.

On ne peut malheureusement pas se dissimuler que la plupart des sécularisations ecclésiastiques ont été effectuées arbitrairement en Allemagne, sous l'influence maudite de Buonaparte, et que des Princes chrétiens se prévalent main-

---

(1) Il tire sa force de la persécution même de la doctrine qui s'y rapporte; car il est de nature dans l'homme de se roidir contre la violence, en matière d'opinions principalement.

tenant de ce titre idéal ou nul, pour établir des droits légitimes à ces possessions indivises entre les souverains héréditaires, sous le vain prétexte de sacrifices de leur part en faveur d'un changement heureux dans la situation triste et même alarmante où l'Europe entière a été plongée; mais cet état cruel de la famille sociale européenne, ne doit et ne peut être envisagé que sous le rapport d'une grande calamité publique, dont chacun des membres a eu plus ou moins à souffrir.

Or, ceux qui ont le plus contribué au retour d'un ordre de choses moins violent, étaient certainement les plus souffrans, et par conséquent les plus intéressés à tâcher d'obtenir un sort moins à plaindre; et comme chacun des opprimés semble avoir concouru de tous ses moyens pour procurer la cessation de l'oppression générale, il devrait avoir un droit incontestable et proportionnel à sa puissance, au partage des dominations ecclésiastiques sécularisées: car l'intégrité des droits qui compètent aux puissances laïques, est essentiellement inviolable.

D'ailleurs, la conduite rétrograde des Cours alliées relativement aux assurances contenues dans leurs proclamations solennelles et multipliées, doit paraître bien étrange aux publicistes timorés; mais rien n'étonne plus que la prétention de celles qui voudraient porter en bénéfices légitimes, leurs participations aux voleries de Buonaparte, tandis qu'elles le taxent de brigand, et que l'exemple d'un tel relâchement, en matière de principes louables, est encore inexprimé dans les fastes de l'histoire.

Nous n'examinerons point autrement la nature des causes qui concourent à placer les trônes sur un volcan plus dangereux encore que celui qu'on dit avoir éteint; nous ne relèverons pas non plus les absurdités palpables du système qu'on semble méditer, en faveur d'une pacification durable, sur le principe d'une balance politique dont l'équilibre reposerait sur l'appui qu'on prétend trouver dans l'établissement de grands États : car on n'ignore plus aujourd'hui, qu'une grande puissance ambitieuse prépare d'avance et sourdement ses moyens d'attaque ; profite des circonstances favorables, à l'égard de certaines rivales ; divise les autres par tous les moyens imaginables ; et arrive d'autant plus évidemment au bouleversement de l'ordre de civilisation dont elle fait partie, que l'arbitraire exercé pour la formation de cet équilibre a produit des mécontentemens plus fondés et plus graves.

Ce système est basé, dira-t-on, sur l'idée gigantesque d'une monarchie universelle ; mais cette idée est-elle si étrangère à certaines puissances ? Le Gouvernement anglais, par exemple, ne peut-il point, dans l'état présent des choses, arranger la partie à son avantage, et finir par réunir la portion du globe que nous habitons à la domination qu'il exerce sur les mers quelconques ? et sa sollicitude remarquable pour la composition et la défense du royaume des Pays-Bas, ne manifesterait-elle pas le projet, plus ou moins décidé, d'un échange de cet État naissant contre celui de Hanovre, pour et aux fins de s'établir au continent de manière à pouvoir espérer quelque effet de la reproduction de ses anciennes prétentions sur la France ?

D'ailleurs, il est notoire à chacun que les grands Alliés ont trafiqué, à leur profit, de la composition et de l'érection de la première de ces deux monarchies ; et que le prix en argent, dont on est convenu pour cette érection politique, ne saurait guère s'acquitter entièrement sans des murmures chagrins de la part des contribuables, si l'on n'en rendait l'assiette supportable, au moins par la séparation des provinces méridionales et septentrionales du même État, en deux contrées distinctes, mais soumises à une même domination monarchique, et régies chacune par un gouvernement composé de membres indigènes exclusivement ; tant on semble redouter, de part et d'autre, une dispensation partiale des faveurs et des taxes entre des sujets non moins étrangers, relativement à leurs rapports sociaux, qu'opposés entre eux, touchant la religion, le langage, les mœurs, les usages et même les habitudes, concernant leurs différens genres de vie et d'industrie !

On sait également que l'Angleterre possède en réalité les richesses de l'Asie et du Nouveau-Monde, et que les autres Gouvernemens éprouvent une si affreuse pénurie d'argent, qu'aucun d'eux, sur le pied inconsidéré de son état militaire actuel, ne saurait plus subvenir aux dépenses d'une guerre offensive sans recourir aux subsides de la Grande-Bretagne. Cette dernière puissance pourrait donc intriguer et fomenter des troubles, continuer à fournir de l'argent aux Princes ambitieux ou turbulens, les affaiblir successivement l'un par l'autre et les anéantir finalement, tout au moins à l'égard de leur influence politique, avec une apparence de réussite d'autant plus probable, que son gouvernement est presque l'unique aujourd'hui où l'on montre une espèce de respect pour les droits et la dignité de l'homme.

La presse des gens de mer, dira-t-on, atténue au moins le mérite de cet éloge; mais cette mesure arbitraire ne s'exerce là que sur la classe populeuse, dont elle répare le délabrement des affaires et satisfait les besoins qui la pressent; tandis que les *landwehr*, *schuttery* et *landsturm* atteignent, plus généralement encore que la conscription de Buonaparte, toutes les classes de la population des contrées où ces milices existent; milices d'un établissement également inutile et à craindre; *inutile* là où règnent l'amour du souverain et de la justice, puisque chaque citoyen est naturellement soldat dans tous les cas d'invasion de son pays et d'un danger réel pour la patrie; et à *craindre* de la part de tout gouvernement dont le chef s'occupe de l'association de ses sujets dans la poursuite de ses projets passionnés ou fantastiques.

D'ailleurs, cette obligation forcée, à l'égard de la profession des armes dans un âge où l'éducation fructifie, dépouille l'homme en société, non-seulement des droits inhérens à son existence politique; mais elle lui ravit encore les moyens qu'il aurait pu tirer du développement de ses facultés physiques ou intellectuelles; la nation s'appauvrit donc continuellement davantage, et cet appauvrissement influe rapidement, tant sur la misère publique, que sur l'indispensabilité de mesures devenues inutilement ruineuses, puisque leur acccomplissement même ne saurait plus maintenir le gouvernement qui en est l'objet, qu'au rang des puissances déchues; chances que des Princes jaloux, irréfléchis ou avides, provoqueront toujours dans l'intérêt d'un accroissement de pouvoir imaginaire, jusqu'à l'événement certain de leur propre chute ; car l'expérience des siècles nous prouve que le point le plus élevé de la roue de la fortune est le précipice ordinaire des ambitieux qui s'y élancent.

Nous sentons que l'expression libre des vérités indubitables qui précèdent, révoltera ces courtisans dont la faveur repose sur la bassesse d'insinuations inductives et soutenues : car ils ne conçoivent point que des vérités de cette nature sont encore plus pénibles à dire qu'à entendre ; mais, comme les Rois sont ordinairement égarés par l'effet d'un raffinement empoisonné d'adulations trompeuses, et qu'on les regarde néanmoins ici-bas comme une vive image de Dieu que nous révérons, tout homme de bien doit les instruire courageusement, et par conséquent leur dire tout ce qui peut leur être utile.

La répression des délits est moins l'effet de nouvelles lois pénales, que de la moralisation des peuples ; or, le droit du *tien* et du *mien* est le régulateur respecté des actions publiques; et l'exercice de ce droit naturel commande l'humanité, la modération et la justice ; donc il proscrit cette fausse gloire qui porte les hommes à s'entre-détruire : car cette action est d'autant plus criminelle, qu'ils violent sciemment, en la commettant, la sainteté de ce précepte divin : *Homicide point ne seras*, *de fait ni de consentement*; et que la religion nous prescrit le devoir de croire que les grandeurs les plus relevées de la terre ne sont que des fantômes de la nuit, que l'aurore dissipe et anéantit.

Tous ces préjugés de fausse gloire existent cependant sous les auspices de motifs humains et atroces; mais au lieu d'attaquer ici ouvertement l'espèce de culte dont on les honore, nous nous bornerons à une exposition corrective des erreurs les plus intolérables qui s'y rencontrent; et cela, dans la vue sincère de procurer aux hommes un avenir plus rassurant, plus tranquille, plus heureux, et surtout plus conforme aux vrais intérêts des souverains et des peuples.

PERSONNE n'ignore que les Gouvernemens européens sont : despotiques, monarchiques, aristocratiques, démocratiques ou mixtes; que le *premier*, identique avec le militaire, opprime et avilit les gouvernés, en même temps qu'il favorise les entreprises audacieuses contre la légitimité du droit de succession au trône; que la *monarchie*, même la plus tempérée, tend continuellement vers le despotisme; que *l'aristocratie* multiplie le nombre des tyrans; que la *démocratie* est turbulente et orageuse; et que le gouvernement *mixte*, dans le goût à peu près de celui qu'on avait dans la Belgique, pourrait réunir tout ce qu'il y a de mieux dans les autres, puisque tous les pouvoirs et les droits y reposent sur l'inviolabilité d'un pacte inaugural, qui ne peut être obligatoire de part ni d'autre, s'il n'est librement consenti et juré par le souverain, et une représentation régulière et suffisante de chaque département ou province.

L'on ignore moins encore les effets horriblement désastreux qui ont accompagné et suivi la subversion de l'ordre social, dont les divers peuples européens s'honoraient à l'époque du premier mai 1789; mais comme le rétablissement de cet ordre, légitime et régulier, exigerait la restitution préalable des choses en entier, sur le pied du *statu quo*, avant les troubles, au moins à l'égard des gouvernemens héréditaires, nous nous bornerons à proclamer ici l'équité du principe qui le fonde ; et, nous conformant aux leçons de l'expérience, nous tâcherons de tourner à l'avantage de la grande famille sociale, même la cause des malheurs qui l'affligent encore, en proposant :

1°. L'établissement à vie du premier magistrat de tout État dont l'hérédité ne serait point constitutionnelle ;

2°. La formation de deux Confédérations impériales, l'une pour l'Allemagne, et l'autre pour l'Italie ; Confédérations dont les chefs seraient toujours choisis parmi les Princes nés possessionnés et domiciliés dans chacun de ces Empires respectivement ; étant bien entendu qu'on leur appliquerait, ainsi qu'aux autres Confédérations reconnues, les articles de l'acte du congrès de Vienne, dont la teneur littérale et par extrait, suit :

« Les États de la Confédération s'engagent à défendre contre » toute attaque, tant l'Empire entier, que chaque État indi- » viduel de l'union ; et de se garantir mutuellement toutes » celles de leurs possessions qui se trouvent comprises dans » cette union.

» Lorsque la guerre est déclarée par la Confédération » aucun de ses membres ne peut entamer des négociations » particulières avec l'ennemi, ni faire la paix ou un armistice » sans le consentement des autres.

» Les membres de la confédération, tout en se réservant le » droit de former des alliances, s'obligent cependant à ne con- » tracter aucun engagement qui serait dirigé contre la sûreté » de la Confédération ou des États individuels qui la com- » posent.

» Les États confédérés s'engagent de même à ne se faire la » guerre sous aucun prétexte, et à ne point poursuivre leurs » différens par la force des armes ; mais à se soumettre à la

» tentative d'une conciliation devant une Commission de la » Diète, ou à l'exacte observation de la teneur d'une sen- » tence juridique et sans appel, dans le cas où la conciliation » tentée serait infructueuse. »

On pourrait adapter ces mêmes principes d'union à une Confédération générale européenne, qui aurait encore pour objet précieux la liberté d'un commerce d'échange avec les peuples des autres parties du monde, sur le pied d'une exemption réciproque de tous droits sur les marchandises, ainsi que du maintien ou de la reconnaissance de leur souveraineté indépendante;

3°. L'incompatibilité d'aucune de ces deux couronnes électives avec une autre couronne impériale, ni royale du premier ordre, sur une même tête, afin de prévenir les dangereux effets d'une ambition conquérante;

4°. L'arrondissement de chaque État individuel de l'Europe, d'après une justice exacte, en lui donnant des limites fixes, et autant que possible naturelles, lors de l'établissement du nouvel ordre des choses;

5°. L'exclusion absolue de tout étranger à la possession d'une souveraineté quelconque ainsi composée, par mariage, succession, conquête, achat, échange ou autrement; de manière que la femme qui hériterait d'un tel État, devrait épouser l'un ou l'autre de ses sujets; mais de préférence un parent de son nom, né dans le pays, et, autant que possible, compris dans l'ordre de la succession directe; mais si les deux lignées, masculine et féminine, venaient à finir dans l'État, la nation rentrerait dans la plénitude de ses droits à l'égard de la disposition du trône, lequel devrait être conféré à un concitoyen indigène; et aux mêmes conditions pour l'hérédité que la dynastie précédente le possédait.

6°. La restitution de Malte à l'ordre de Saint-Jean de Jérusalem, ou une indemnité de cette perte dans une situation convenable à l'objet de la répression des pirateries exercées par les nations barbaresques ; ordre auquel on pourrait réunir tous les autres, qui ont, comme lui, une institution religieuse et militaire, sous la condition expresse que ceux-ci confondraient leurs dotations quelconques avec le commun trésor du premier, et que les membres de cette milice guerière se tireraient, dans l'esprit même de la sainte alliance, de toutes les nations chrétiennes indistinctement ; mais chacun de la caste relative à son état ou condition ; de chevalier, de diacot ou de servant d'armes, sauf les chevaliers, qu'on prendrait parmi les servans d'armes, sur les titres glorieux d'une valeur éprouvée et d'une conduite irréprochable ; d'autant que tout moyen de coalition des puissances au même effet répressif, deviendrait infructueux avec le temps, pour raison d'opposition présumable d'intérêts privés ; et que la réintégration de cette chevalerie, protectrice du négoce des peuples chrétiens, n'exigerait qu'un secours en propriétés réelles, correspondant à une somme moins considérable que le *minimum* de celle qu'on destine pour l'entretien de la coalition mentionnée.

7o. La réduction de l'état militaire de chaque puissance, petite ou grande, à une gendarmerie suffisante pour assurer et maintenir l'ordre et la tranquillité dans l'intérieur ; et les autres troupes ne devraient point excéder ensemble le nombre de deux hommes pour cent de la population capables de porter les armes ; afin de mettre en harmonie les ressources naturelles de chaque État avec ses dépenses nécessaires, et de garantir plus certainement les peuples de tous les impôts dont quelques Gouvernemens justifient l'assiette par un besoin de secours indispensables, bien qu'ils en destinent le produit à subvenir, le plus souvent, à des dépenses évidemment insoutenables, ou à l'accomplissement de projets inutiles, ruineux ou chimériques.

D'ailleurs, les subsides n'existent que pour raison d'insuffisance des domaines ; et leur maintien révolterait tous les principes sociaux, hors le cas d'une proportion soutenable; car l'État s'appauvrit avec les sujets qui les constituent et le soutiennent : on ne peut donc point, sans tyrannie, créer des subsides ni maintenir ceux qui existent que sous le rapport d'une mesure avouée par les contribuables, et nullement sur le pied d'une destination arbitraire de leur importance, à l'égard principalement de fortifications nouvelles : car l'inutilité des anciennes est devenue évidente depuis l'adoption du système d'après lequel on fait la guerre offensivement sans magasins ni tentes, ni siéges réguliers; c'est-à-dire, en s'introduisant rapidement dans l'intérieur du pays où l'on porte la guerre, et dont on ruine inhumainement les habitans, même les plus paisibles, par des réquisitions accablantes, et des logemens insupportables et désolans.

8°. L'uniformité, au moins dans un même gouvernement, touchant la coutume, la monnaie, le poids, la mesure et la forme dans les procédures; mais dans le cas d'une heureuse possibilité de l'extension de cette uniformité désirable aux diverses nations chrétiennes de l'Europe; il serait avantageux sans doute d'y ajouter la communauté d'une langue, surtout en faveur de la théologie, de la diplomatie, des relations commerciales, des sciences et des arts libéraux; et cette langue pourrait être la latine, dont la propriété n'est plus celle d'aucun peuple moderne.

9°. La liberté du commerce et de la navigation, en faveur de toutes les nations indistinctement; par la raison que les rivières et les mers doivent être considérées comme des routes destinées, par la nature, pour l'avantage commun des peuples qui en habitent les bords; de manière que toute opposition formelle à l'exercice de ce droit naturel devrait être punie avec la sévérité dont on use pour la répression des attentats publics; mais, comme nous ne croyons pas qu'outre les cas d'invasion de la patrie, et par conséquent d'une juste défense, les hommes aient le droit de se faire la guerre, ni d'infliger d'autre peine à leurs semblables que celle d'une mort civile, ou d'une servitude proportionnée pour la rigueur à la nature des délits sociaux, nous proposons ultérieurement, savoir :

L'exercice d'une surveillance continuellement active, touchant une administration impartiale et prompte de la justice, dans chacune de ses divisions ; en observant toutefois que la haute importance des fonctions des juges de paix réclame en faveur de tous ceux qui seront maintenus ou établis dans cette belle magistrature, le rang et les honneurs attribués aux présidens des cours d'appel ; bien qu'on exige de ceux-ci un plus grand savoir en matière de jurisprudence ; car les autres doivent fermer la porte du barreau à la chicane, en vertu du puissant ascendant qu'ils obtiennent sur leurs justiciables, par la pratique d'une moralité exemplaire, la possession d'une considération d'état et de fortune, et une logique pathétique, conciliante et persuasive.

Une liberté illimitée à l'égard de la presse, sauf la responsabilité des auteurs pour leurs écrits, envers qui de droit ; car elle n'est pas moins utile pour l'instruction même des souverains, que pour la correction des abus qui existent ; d'autant que les prérogatives héréditaires du monarque identifient ses intérêts véritables à ceux de son peuple, et que l'amovibilité nécessaire des grandes charges du gouvernement autorise à croire à l'indifférence de certains ministres, touchant les suites des mesures arbitraires qu'ils introduisent ou pratiquent, puisque la durée de leur activité en place est toujours suffisante pour assurer leur sort futur et celui de leur famille.

L'ajournement de l'exercice des fonctions législatives, jusqu'à ce qu'il soit reconnu indispensable par le souverain et les États provinciaux conjointement ; par la raison que la présence continuelle d'un pouvoir législatif, par chambres ou autrement lorsqu'une constitution existe, ne serait pas moins contraire à la tranquillité du peuple, qu'insidieuse et alarmante. Nous disons *contraire à la tranquillité du peuple*, parce que les droits quelconques demeureraient ainsi perpétuellement en question; *insidieuse*, en ce que l'apparente libert des opinions dans les Chambres n'est qu'un moyen mystificateur; car il est assez connu que l'ambition assure partout aux ministres la majorité des votes, touchant les lois qu'ils soumettent à la délibération des Chambres, avec intention formelle de réussite; aussi ne considérons-nous la plupart des discussions animées y relatives, que comme de simples simulacres de comédie; et *alarmante*, d'après l'exemple trop mémorable de la conduite audacieuse des États-Généraux de France, en 1789.

La sagesse de ne jamais établir une loi nouvelle, ni toucher à aucune de celles qui existent constitutionnellement, sans avoir ouï préalablement le rapport d'une commission peu nombreuse, mais composée de membres éclairés, et chaque fois choisis, de concert, par le souverain et les États provinciaux, à l'effet de soumettre convenablement aux Chambres; non-seulement le mérite de chacun des Mémoires qu'on aurait demandés une année d'avance, et par forme de concours public, sur l'objet à traiter; mais aussi les noms de tous ceux qui se seraient distingués dans ce genre d'ouvrage ou de travail; le tout en vue de recueillir, sans inconvénient, les idées réfléchies de chacun des intéressés en état de les préciser avec justesse, et aussi de tirer de l'oubli le mérite timide, modeste ou méconnu.

Une opposition ferme à toute tentative concernant l'introduction de la vénalité des places et des cautionnemens en argent pour en être revêtu, ainsi que l'établissement de toute loi bursale dont la nécessité ne serait point généralement reconnue; par la raison qu'on s'exposerait à favoriser autrement: d'une part, l'incapacité présumée au détriment du talent infortuné ; et de l'autre, une surcharge ruineuse pour le peuple, dont la richesse néanmoins constitue celle de l'État.

L'attribution aux États provinciaux de la direction exclusive des affaires, concernant l'administration intérieure de leur district respectivement : car les membres de tels États, étant tous possessionnés et domiciliés dans la province, connaîtraient naturellement mieux que tous autres les besoins et les ressources locales ; de manière que leur administration serait certainement plus éclairée, plus active, plus surveillante, plus tranquille, et infiniment moins frayeuse.

Une diminution très-notable dans les droits de timbre et d'enregistrement quelconques, de même que dans le tarif de ceux de transit, d'entrée et de sortie des marchandises, *toujours* avec la clause expresse d'une application rigoureuse de la peine de mort civile, non-seulement envers les fraudeurs des droits légalement assis au profit du trésor public (1), mais aussi envers les introducteurs, les marchands et les consommateurs des objets prohibés en faveur des fabrications nationales ; d'autant que les Anglais ne sauraient alors vendre les produits des leurs au vil prix pour lequel ils les donnent ; car ils ne soutiennent ces pertes qu'à la faveur des primes qu'ils reçoivent de leur Gouvernement, et de la survaleur qu'ils donnent aux matières premières qu'ils accaparent aux foires principales, et dans tous les lieux où ils s'établissent à cette fin. D'ailleurs, en soutirant, par ces pertes apparentes sur leurs marchandises fabriquées, l'argent en circulation dans l'étranger, ils maintiennent le crédit expirant de leur banque, et par conséquent celui du royaume de la Grande-Bretagne.

On pourrait aussi appliquer la peine de mort civile à tous

---

(1) S'ils sont modérés, la fraude qu'on en fait est un vol public, et par conséquent un crime de lèse-nation.

les prévaricateurs dans l'exercice des emplois salariés quelconques par l'État, ou ayant rapport aux dépenses ou recettes publiques, ainsi qu'aux fauteurs d'impiétés scandaleuses, et même aux simples colporteurs de calomnies nuisibles (1) : tant il importe à une bonne civilisation de ramener vigoureusement les gens pervers et d'une imprudence dangereuse, à la pratique des sentimens religieux, d'honneur, de probité, de bonne foi et de justice, qui caractérisent l'honnête homme !

L'anéantissement du système onéreux, immoral (2), embarrassé, vexatoire et compliqué, touchant les impositions indirectes, personnelles, somptuaires et mobilières; les convois et licences ou droits réunis; les octrois, les patentes, les portes et fenêtres, et toutes les autres contributions de nature analogue, là où le régime financier de Buonaparte nourrit des racines funestes; car leur végétation est encore tutélairement favorisée par ceux des affidés de cet usurpateur célèbre, qu'on a imprudemment laissés ou introduits dans l'exercice des grands emplois des gouvernemens : cependant notre opinion n'est pas moins exclusive de toute influence prépondérante qu'on accorderait aux victimes notables de toute révolution, tant nous demeurons intimement convaincu qu'une exacte impartialité ne saurait exister continuellement dans la conduite de ceux qui ont beaucoup perdu ou gagné pendant le cours des événemens révolutionnaires, pour deux raisons différentes; le ressentiment d'une part, et la défiance de l'autre.

Une attention constante à ne jamais remplir sans une nécessité absolue les devoirs imposés aux subalternes, afin de ne pas perdre en pratique un temps que des chefs

(1) Leur effet est irréparable envers ceux qui en sont l'objet.

(2) Il établit l'habitude de la ruse et contre-ruse pour faire et empêcher la fraude, avec un préjudice d'autant plus inévitable et démoralisant, que la prime accordée à la fraude est plus considérable ou conséquente.

bien avisés donnent toujours à surveiller l'exactitude de leurs subordonnés; car ceux-ci tendent souvent à s'emparer de la direction des affaires les plus importantes, chacun dans son département, à la faveur de formes difficiles à remplir, compliquées ou rebutantes, qu'ils offrent à cette fin à leurs supérieurs ou principaux : mais comme la plus ou moins bonne situation des finances d'un Gouvernement détermine le degré de confiance qu'on peut mettre dans l'exact accomplissement de ses engagemens, nous pensons que la publicité des discussions relatives au budget général doit influer malheureusement sur le sort futur de la nation à laquelle il se rapporte, par la perte, plus ou moins considérable, du crédit qui en résulte.

Nous sentons, de reste, que le contenu de cet écrit renferme des articles susceptibles de développemens nécessaires et même intéressans ; mais comme bien des gens en place pourraient vouloir n'y trouver qu'un simple radotage, nous réservons ces développemens pour ceux qui penseront différemment sur la chose ; et cette offre paraîtra sans doute d'autant plus gratuite de notre part, que notre âge avancé et le bonheur domestique dont nous jouissons, éloignent également de nous tout désir d'un concours direct à la marche pratique des affaires générales.

Au reste, nul règne ne passera pour paternel avec justice, si le monarque néglige de considérer ses intérêts propres comme inséparables de ceux de son peuple, et s'il n'évite soigneusement les piéges dont l'entourent incessamment une astuce perfide et des obsessions inductives ; d'autant que la position de certains ministres, relativement à la proposition et à l'exécution des plans qu'ils adoptent ou enfantent, paraît assez semblable à celle de tous ceux qui ne peuvent que gagner dans le désordre ; car l'adoption des mesures arbitraires qu'ils font prévaloir n'est pas moins favorable à l'accroissement de leur crédit ou pouvoir, que nuisible aux droits légitimes, à la gloire véritable et à la puissance réelle et solide du monarque ; d'ailleurs il n'existe encore aucune loi qui statue précisément à l'égard de leur responsabilité ; et ce qu'on nomme communément dans le Prince *popularité*, n'est qu'une expression peu propre à rehausser la dignité royale, puisqu'elle semble mettre chacun à même de juger l'homme où l'on ne devrait voir qu'un être d'une nature plus parfaite.

De manière que pour rendre les fonctions royales indépendantes de toute influence perverse, agréable aux sujets et convenable à la justice qui doit présider à toutes les actions augustes, le souverain doit tout voir, tout entendre et tout connaître par lui-même, en recevant toujours en silence et majestueusement les requêtes de son peuple, sans jamais se dispenser d'y répondre, même dès l'issue de chaque audience publique ou générale, par l'une ou l'autre de ces trois apostilles : *accordé*, *refusé*, ou *renvoyé au département compétent pour y dire dans la huitaine péremptoirement*, selon que la chose serait évidemment juste, absurde, ou de nature contentieuse ; et à l'égard des réclamations contre les dispositions relatives aux objets compris dans la dernière catégorie de ces apostilles, la partie plaignante devrait être entendue contradictoirement, dans l'intérêt même du monarque, qui, en punissant exemplairement le provocateur téméraire ou le rapporteur négligent, se rendrait en même temps inaccessible à la surprise et cher à ses sujets ; car l'obéissance affectueuse des peuples est inséparable d'une sévérité équitable et bien dirigée de la part du souverain.

Telles sont les principales bases d'un système assorti aux circonstances où nous nous trouvons ; car on ne saurait soutenir celui qu'on semble vouloir appuyer sur l'établissement arbitraire de grands États héréditaires et limitrophes, sans manifester une ambition calquée sur des idées chimériques ; d'autant que *rien ne peut être stable s'il n'est juste.*

Enfin, l'importance de la tâche imposée par le titre de cet écrit, nous fait regretter le manque d'un mérite d'expressions convenables pour un développement lumineux du puissant intérêt qui s'y rapporte ; mais nous protestons formellement de notre innocence touchant la malignité de toute application directe qu'on pourrait vouloir nous prêter, dans l'énonciation nécessaire des circonstances et des faits qui fondent notre système ; vu que l'amour seul du bien public nous anime, et que *hors de la vérité on ne peut rien conclure de solide.*

BIBLIOTHÈQUE IMPÉRIALE IMPR.

FIN.

www.ingramcontent.com/pod-product-compliance
Lightning Source LLC
LaVergne TN
LVHW010409240826
846091LV00020B/2857

9782011787972